AF391309

VENTE DU JEUDI 15 DÉCEMBRE 1910
HOTEL DROUOT, SALLE N° 7

A DEUX HEURES

OBJETS D'ART

ET

DE CURIOSITÉ

BIJOUX — OBJETS VARIÉS

EXPOSITION PUBLIQUE
LE MERCREDI 14 DÉCEMBRE 1910

De 1 heure 1/2 à 5 heures 1/2

COMMISSAIRE-PRISEUR

Me HENRI BAUDOIN

Successeur de M. PAUL CHEVALLIER

10, rue Grange-Batelière

EXPERTS

MM. MANNHEIM

7, rue Saint-Georges

PARIS

CONDITIONS DE LA VENTE

Elle sera faite au comptant.

Les adjudicataires paieront *dix pour cent* en sus des enchères.

Paris — Imp. de l'Art. Ch. Berger, 41, rue de la Victoire

DÉSIGNATION

FAIENCES ET PORCELAINES

1 — Environ trente-sept tasses et trente-trois
soucoupes. Ancienne porcelaine de la Chine
et du Japon.

2 — Neuf assiettes variées en ancienne faïence
française.

3 — Deux coqs, décorés au naturel, en porcelaine de Chine.

4 — Statuette de Kouan-in debout en porcelaine de Chine.

5 — Deux potiches avec couvercles, décorées
de fleurs sur fond bleu. Porcelaine de Chine.

BIJOUX

6 — Plaque de bracelet en cuivre, de forme ovale.

7 — Petite croix, mosaïque, montée cuivre.

8 — Collier, formé de perles.

9 — Six petites épingles en or, ornées chacune d'une perle.

10 — Broche, ornée d'un trèfle formé de perles. Monture or.

11 — Épingle de cravate en or, avec trèfle enrichi de pierreries.

12 — Autre, camée entouré de roses montées or.

13 — Broche fer à cheval, enrichie de jargons et de saphirs.

14 — Petite plaque de cou, ornée de diamants et perles.

15 — Bague en or, forme marquise, montée de diamants et d'une perle.

16 — Collier de chien, composé de vingt-huit rangs de petites perles, avec cinq barrettes montées de roses.

17 — Ornement de cou, composé d'une résille montée de petites perles et de diamants.

18 — Bague en or : Tête de femme enrichie de petits diamants.

19 — Deux boucles d'oreilles, ornées chacune d'un petit saphir entouré de petits diamants.

20 — Épingle à chapeau, ornée d'une pierre verte et de quatre petites perles.

21 — Bracelet souple, orné de dix brillants et dix rubis montés en argent doré.

22 — Épingle de cravate, ornée d'un brillant, d'une émeraude et de deux perles.

23 — Broche-barrette, formée d'une perle, de deux brillants et de six saphirs.

24 — Broche, ornée d'un grenat, de trois perles et de petits brillants. Monture or.

25 — Bague en or, enrichie d'un brillant.

26 — Bague jonc, ornée d'un brillant.

27 — Bague en or, à chaton formé d'un brillant et de douze petits rubis.

28 — Épingle de cravate en or, montée d'une perle fine.

29 — Lot de perles, de pierres et brillants, sur papier.

30 — Bague croisée, montée d'un brillant et d'un rubis.

31 — Bague or, formée de trois émeraudes et de deux brillants.

32 — Bague, pierre verte et huit petits brillants montés or.

33 — Bague, ornée d'une perle et de deux petits brillants.

34 — Broche, feuille, enrichie de trois perles et pavée de diamants.

35 — Bague jonc, or, enrichie d'un saphir.

36 — Flacon à sels en cristal monté or, décoré d'un saphir étoilé entouré de petits diamants.

37 — Bague or, ornée d'un saphir entouré de quatre perles et de trois brillants.

38 — Bague or, ornée d'un saphir.

39 — Bague or, enrichie d'un rubis.

40 — Bijou-pendeloque, or émaillé, perles, roses et pierre chatoyante.

41 — Bague or, enrichie d'une perle.

42 — Épingle de cravate, grenat monté or.

43 — Broche or et mosaïque romaine.

44 — Chaînette en argent, avec petit cadre en filigrane d'argent, contenant deux peintures.

45 — Bourse en argent.

46 — Petite croix de la Légion d'honneur, ornée de roses.

47 — Collier de corail. Fermoir or.

48 — Deux pendants d'oreilles, coques de perles, montées or.

49 — Bijou-pendeloque, sirène, argent émaillé.

50 — Broche à entrelacs, argent.

51 — Agrafe, à décor d'entrelacs, en or.

52 — Saint-Esprit, pavé de petites roses.

53 — Petite épingle en forme d'étoile, argent.

54 — Bague or ajouré à rinceaux, ornée d'un rubis cabochon.

55 — Deux petits pendants d'oreilles, petites roses montées argent et or.

56 — Collier, argent doré, orné de quatre fleurettes de nacre.

57 — Deux bagues or et pierres de couleur.

58 — Deux bagues, verroteries, montées or pour l'une, argent doré pour l'autre.

59 — Bague marquise, pavée de brillants et d'une émeraude.

60 — Autre plus petite, pavée de brillants.

61 — Deux bagues, chatons ovales, argent.

62 — Coulant, argent ajouré.

63 — Boucle de ceinture ovale en acier.

64 — Deux pendants d'oreilles, pavés de pierres jaunes.

65 — Epingle de coiffure, roses montées argent.

66 — Épingle de coiffure, pavée de turquoises, montées argent et métal.

67 — Épingle de coiffure, coque de perle, montée cuivre.

68 — Collier en corail rose.

OBJETS VARIÉS

69 — Miniature ronde : les Trois Grâces, dans la manière de Charlier. Cercle d'or.

70 — Christ en bronze partiellement doré.

71 — Assiette en émail peint : Cortège de Silène.

72 — Petit bas-relief en ivoire : la Vierge, l'Enfant Jésus et une sainte femme en prière.

73 — Boîte à mouches en galuchat, garnie argent et ornée d'un dessin.

74 — Vase, accosté de deux statuettes, en émail cloisonné de la Chine.

75 — Statuette de Japonais debout en fer.

76 — Éléphant, portant une pagode. Bronze et émail cloisonné de la Chine.

77 — Statuettte de pêcheur en ivoire du Japon.

78 — Éventail : feuille à sujet biblique. Epoque Louis XVI.

79 — Miniature ovale : Portrait de prélat. Encadrée.

80 — Deux fume-cigarettes, l'un en or et ambre; l'autre garni en argent niellé.

81 — Coffret en cuivre argenté, monté de plaques en lapis.

82 — Flacon en verre incolore et vert, monté en argent doré.

83 — Râpe à tabac en os sculpté, ornée d'une figure de femme occupée à filer. xviiie siècle.

84 — Flacon en verre blanc, monté or.

85 — Couteau, à poignée revêtue d'argent. Travail hollandais.

86 — Objet de sainteté en albâtre, présentant un ostensoir en cuivre argenté.

87 — Plaque en émail peint, à sujet saint. Encadrée.

88 — Dentelle blanche à personnages. — Long., 4 m. 95 cent.

89 — Fragment, linon et dentelle, et mouchoir garni de dentelle.

90 — Six fragments de dentelles variées.

91 — Fragment de dentelle blanche sur fond de velours rouge.

92 — Grand col en dentelle blanche mécanique.

93 — Tasse en argent.

94 — Porte-cigarettes en argent doré.

95 — Coffret en marqueterie de bois de couleurs à rayures, contenant trois flacons à thé.

96 — Petit modèle d'horloge, à poids, en bois incrusté de cuivre.

97 — Thermomètre en bois de placage. Fin du XVIIIe siècle.

98 — Deux épées à poignées de nacre et de cuivre. Époque Restauration.

99 — Violon. Signé : *Chanot, 1818.*

100 — Médaillon rond en métal, à l'effigie de Napoléon Ier.

101 — Deux figures égyptiennes en terre vernissée.

102 — Deux salières doubles en métal argenté : coquilles et feuillages ; poignée-balustre.

103 — Rouleau, manuscrit, pour le culte hébraïque.

104 — Cinq coiffures variées.

105 — Petite mandoline, plaquée d'écaille.

106 — Figurine de personnage debout en argent.

107 — Tabatière en ivoire et ébène, ornée d'un buste de Napoléon Ier.

108 — Presse-papier en agate.

109 — Étui, genre écaille, fleurdelysé.

110 — Flacon-tabatière en verre simulant le jade.

111 — Deux amulettes en jade. Chine.

112 — Onze pièces : petits médaillons variés, émail, etc.

113 — Petite jardinière de suspension en cuivre argenté.

114 — Pomme de canne en argent.

115 — Médaille en argent, avec mouvement à l'intérieur.

116 — Deux médaillons en lave, montés argent.

117 — Miniature ovale : Portrait de femme, la tête levée.

118 — Autre : sujet galant.

119-120 — Deux paires de chenets, avec galeries, en bronze.

121 — Deux flambeaux-balustres, cannelés, en bronze, du xviiie siècle.

122 — Table pliante en acajou.

123 — Fragment d'ancien tapis d'Orient, à motifs réguliers sur fond rouge.

www.ingramcontent.com/pod-product-compliance
Lightning Source LLC
LaVergne TN
LVHW020903200726

843508LV00003B/1316